Champion de la concentration

Catalogage avant publication de Bibliothèque et Archives Canada

Nadeau, Kathleen G.

Champion de la concentration

(J'apprends la vie)
Traduction de : Learning to slow down and pay attention.

ISBN-13 : 978-2-923347-54-7
ISBN-10 : 2-923347-54-4

1. Hyperactivité - Ouvrages pour la jeunesse. 2. Enfants inattentifs - Ouvrages pour la
jeunesse. I. Dixon, Ellen B. II. Titre. III. Collection.

RJ506.H9N3214 2006   j618.92'8589   C2006-941364-9

L'ouvrage original a été publié en langue anglaise sous le titre **Learning to Slow Down and
Pay Attention : A Book for Kids About ADHD, Third Edition,** par l'*American Psychological
Association* (États Unis).

© 2004 *American Psychological Association* (APA). L'ouvrage a été traduit et publié en
langue française avec la permission de l'APA.

Directrice éditoriale : Claire Chabot
Traduction : Corinne Kraschewski
Conseillère à l'édition, droits et permissions : Barbara Creary
Graphisme de la couverture et infographie : Dominique Simard

Dépôts légaux : 4e trimestre 2006
Bibliothèque et Archives nationales du Québec
Bibliothèque et Archives Canada

ÉDITIONS ENFANTS QUÉBEC
300, rue Arran
Saint-Lambert (Québec)
J4R 1K5
Canada

Téléphone : 514 875-9612
Télécopieur : 450 672-5448
editions@enfantsquebec.com
www.enfantsquebec.com

Imprimé au Canada
10 9 8 7 6 5 4 3 2 1 0

Champion de la concentration

Un guide pour les enfants sur le déficit de l'attention et l'hyperactivité

Kathleen G. Nadeau et Ellen B. Dixon,
psychologues cliniciennes

Traduction de Corinne Kraschewski

Illustrations de Charles Beyl

Éditions Enfants Québec

Table des matières

SECTION QUATRE

MES PROJETS SPÉCIAUX
AVEC MES PARENTS

POUR LES PARENTS

Un enfant atteint d'un Trouble du déficit de l'attention, avec ou sans hyperactivité (TDAH), a souvent des comportements dérangeants. Souvent? Presque tout le temps! Et plusieurs pensent qu'il pourrait, s'il le voulait, se comporter « normalement »!

À 8 ans, mon fils Charles fréquentait la Clinique des troubles de l'attention de l'Hôpital Rivière des Prairies. Et je me souviens très bien la fois où il m'a dit spontanément : « Tu sais, papa, si les gens savaient ce qu'est le TDAH, ils comprendraient que je fais de gros efforts. »

Charles a suivi plusieurs formations Nous pensions, en effet, qu'il était arrivé à un âge où il fallait lui donner des outils, lui enseigner des méthodes d'auto-observation et d'autocontrôle, qu'il lui appartenait de s'approprier. Nous pensions qu'il devait se responsabiliser… dans la mesure, bien sûr, de ce que peut réaliser un enfant atteint d'un TDAH.

S'il nous incombe, comme parent, de bien nous informer sur le TDAH, nous devons aussi permettre à notre enfant d'apprivoiser le trouble, ses symptômes et ses conséquences. Progressivement, l'enfant doit reconnaître ses difficultés et ses capacités. Une telle prise de conscience est essentielle au développement de son sentiment de compétence personnelle.

Champion de la concentration poursuit le même objectif : aider l'enfant à mieux se connaître et mieux se faire connaître des adultes et de ses pairs. L'approche utilisée par les auteures est rassurante parce que l'enfant comprend que l'aide peut venir de l'extérieur (parents, éducateurs, médecins), mais aussi de lui-même. Il réalise qu'il a en lui les ressources ! Et fort de cette nouvelle conviction, il apprendra à appliquer les différentes méthodes, les différents trucs proposés au fil des pages, comme la méthode de résolution de problèmes ou le conseil de famille.

Mon garçon a aujourd'hui 16 ans. Il a été diagnostiqué comme atteint d'un TDAH il y a déjà plus de dix ans, et j'aurais aimé, à ce moment-là, qu'il puisse profiter d'un livre comme *Champion de la concentration*.

Daniel Létourneau

Co-fondateur et membre actif de l'association de parents PANDA de la MRC de L'Assomption

Chers parents et éducateurs,

Beaucoup d'entre vous se posent la question : « Quoi dire à mon enfant à propos du TDAH ? » Mais, surtout, comment en parler de manière réaliste, positive et constructive ? Vous avez entre les mains le parfait outil pour guider votre enfant et l'aider à relever les défis du TDAH. Ce livre s'adresse directement aux enfants qui souffrent de TDAH et est écrit de leur point de vue. À preuve, un de nos jeunes lecteurs nous a dit : « Ce livre me comprend. »

Illustré de bandes dessinées pour maintenir l'intérêt de votre enfant, il est facile à lire (même si votre enfant n'aime pas la lecture) et divisé en sections qui peuvent se lire indépendamment les unes des autres. Il s'adresse à des enfants de niveau primaire (de 6 à 12 ans).

Ce livre comprend quatre sections : **Ma liste « Qui suis-je ? », Comment les autres peuvent m'aider, Comment je peux m'aider moi-même, Mes projets spéciaux avec mes parents.** Nous vous suggérons de lire le livre avec votre enfant, une section à la fois, en vous arrêtant pour discuter de différents points ou de différentes idées dès que vous le jugez utile. La troisième partie, qui concerne les choses que votre enfant peut faire pour s'aider lui-même, devrait constamment être utilisée comme référence au fur et à mesure que votre enfant acquiert les habiletés nécessaires pour vivre avec le TDAH.

À la fin de chaque partie, votre enfant trouvera une page d'activités. C'est pour lui une façon relaxante et amusante de conclure chacune des parties.

Le TDAH se manifeste de plusieurs façons. Certains enfants sont hyperactifs et impulsifs, d'autres sont plus calmes et sont facilement distraits. D'autres encore ont beaucoup de difficulté à se concentrer mais ne présentent pas tous les critères stricts du diagnostic du TDAH. Tous ces enfants ont besoin d'aide et de suivi, et ce livre a été conçu pour les aider.

Vu le grand nombre de recherches récentes portant sur le caractère sécuritaire et l'efficacité des médicaments destinés à traiter le TDAH, nous expliquons brièvement ce que sont ces médicaments et quelle est leur action. Alors que les livres sur le TDAH parlent généralement des comportements qui dérangent les parents, nous insistons plutôt sur les symptômes et les conséquences qui dérangent les enfants qui ont le TDAH en essayant de nous mettre davantage à leur place.

Nous souhaitons que ce livre sera pour votre enfant un moyen agréable d'en apprendre plus sur lui-même et de s'engager sur la voie de cet apprentissage qui dure toute la vie : la connaissance de soi et l'autonomie.

Kathleen G. Nadeau et Ellen B. Dixon,
psychologues cliniciennes

Juste pour les enfants

Certains enfants ont du mal à être attentifs à l'école ou à finir leurs devoirs le soir. Parmi eux, il y a des enfants qui sont très actifs et qui ont du mal à rester tranquilles. Et il y en a d'autres qui pensent à des milliers d'autres choses qui sont plus intéressantes que l'école, alors ils n'arrivent pas à se concentrer sur leur travail. Ils peuvent oublier ou perdre des choses, ou avoir des ennuis parce qu'ils n'arrivent pas à se concentrer sans penser à autre chose.

Avoir des problèmes comme ça, c'est difficile. C'est dur de passer toute la journée à l'école. Encore plus de faire ses devoirs à la maison. Quelquefois, les enfants ont du mal à s'entendre avec les autres enfants de l'école ou ils ont l'impression qu'il y a toujours quelqu'un qui est fâché contre eux.

Si tu as un de ces problèmes, ce livre peut t'aider. Tu découvriras qu'il y a plein de choses que tu peux faire toi-même. Tu peux aussi demander de l'aide à des adultes : tes parents, tes professeurs, ton tuteur ou ton docteur. Lis ce livre avec tes parents ou avec d'autres adultes pour pouvoir parler avec eux de ce qui est écrit.

Les enfants dont nous avons parlé plus tôt ont ce qu'on appelle un trouble déficitaire de l'attention avec ou sans hyperactivité, le TDAH. Peut-être en as-tu déjà entendu parler ; quelquefois, on l'appelle juste déficit d'attention ou hyperactivité. Cela veut dire qu'une partie de ton cerveau — celle qui t'aide à réfléchir avant d'agir, à rester assis et concentré, même si c'est ennuyeux, à mémoriser les choses et à t'organiser — , est un peu « endormie » et ne fonctionne pas aussi bien qu'on le voudrait.

Quelquefois, si c'est difficile pour ces enfants en classe, c'est parce qu'ils s'ennuient. Les enfants qui ont le TDAH aiment faire des choses intéressantes et excitantes. Mais ce qu'on fait à l'école, ce n'est pas toujours intéressant ou excitant.

Ce qu'on ne dit pas toujours, c'est que, même s'ils souffrent du TDAH, ces enfants sont intelligents et créatifs. Et on oublie de dire qu'il y a plein de gens très connus et qui ont réussi qui ont le TDAH.

Tes parents ont acheté ce livre car ils veulent t'aider à te sentir bien dans ta peau, et ils veulent que tu sois heureux quand tu es à l'école, avec tes amis ou à la maison.

Quand tu auras fini de lire ce livre, nous aimerions savoir ce que tu en penses. Il existe plusieurs livres qui parlent du TDAH. Mais ils sont écrits pour les parents et les enseignants. Alors, nous avons écrit ce livre pour toi!

Beaucoup d'enfants (et plusieurs adultes aussi) ont du mal à se concentrer parce qu'ils ont de la difficulté à rester assis et à écouter.

- Est-ce qu'il t'arrive d'avoir l'impression que tu as un moteur qui tourne dans ton corps, même quand tu es assis tranquillement?
- As-tu du mal à t'empêcher de bouger et de t'agiter quand tu dois rester assis à écouter ton professeur?
- Es-tu très bavard et as-tu du mal à rester tranquille en classe?
- Oublies-tu souvent de lever la main et d'attendre que ton professeur te donne la parole avant de parler?
- Est-ce que c'est difficile pour toi d'attendre ton tour?
- T'arrive-t-il de t'agiter et de bousculer tes camarades quand tu dois attendre en file?

Si tu as répondu oui à plusieurs de ces questions, eh bien, tu es plein d'énergie! Mais, quand on a autant d'énergie, ça peut être difficile de se calmer et d'être attentif en classe.

Certains enfants dessinent ou griffonnent en classe, car c'est trop difficile pour eux de ne rien faire quand ils écoutent. D'autres sont assis à leur pupitre et essaient de se concentrer mais, soudain, leur imagination s'active et ils n'écoutent plus du tout ce qui se passe en classe. Comme ceci...

Si tu as du mal à te concentrer à l'école, penses-tu que tu ressembles aux enfants qui sont agités et qui parlent sans cesse, ou plutôt à ceux qui sont plus calmes et dans la lune? Tu peux aussi être un peu des deux. Demande à ton papa ou à ta maman ce qu'ils en pensent. Habituellement, les enfants qui ont le TDAH ont du mal à se concentrer, à s'organiser, à se rappeler ce qu'ils doivent faire, à retrouver leurs affaires...

Il n'y a pas deux enfants qui ont des TDAH exactement pareils. Dans la section suivante du livre, tu verras ce que des enfants qui ont le TDAH disent d'eux-mêmes. Lis chacun de ces commentaires avec ton papa ou ta maman. Si c'est la même chose pour toi, coche le petit carré qui se trouve à côté. Comme ceci :

Quand tu auras fini, tu en sauras plus sur toi. Nous te donnerons alors des trucs pour t'aider à mieux réussir en classe et à mieux t'entendre avec ta famille et tes amis. Et tu apprendras aussi comment tes parents ou d'autres adultes peuvent t'aider.

Ma liste
« Qui suis-je? »

La liste suivante a été faite à partir de ce que nous ont dit des enfants qui ont le TDAH à propos d'eux-mêmes. Lis cette liste. Elle va t'aider à mieux te comprendre et à savoir ce que tu vis à l'école, avec tes amis et à la maison. Elle va t'aider à connaître les choses où tu es vraiment bon et les choses qui te posent des problèmes. Si tu lis la liste avec ton papa ou ta maman, c'est un bon moyen pour commencer à parler de ces choses avec eux. Cette liste te permettra de mieux te comprendre toi-même, et aussi de mieux comprendre le TDAH.

À L'ÉCOLE

☐ À l'école, j'ai du mal à rester assis tranquillement à mon pupitre.

☐ J'oublie de lever la main avant de parler.

☐ J'ai du mal à classer mes livres et mes papiers.

☐ J'oublie souvent mes devoirs.

☐ J'ai du mal à commencer à travailler.

☐ L'enseignante me dit souvent :
« Pas si vite ! Va plus doucement ! »

☐ Mon pupitre est très souvent en désordre.

☐ J'oublie de rapporter mes devoirs.

☐ J'ai du mal à me souvenir des consignes.

☐ Même quand j'essaie d'écouter, quelquefois,
je commence à penser à autre chose.

☐ Souvent, je m'ennuie en classe.

☐ J'aimerais beaucoup mieux l'école si on faisait
des choses qui m'intéressent.

☐ J'ai peur que mon professeur ne soit fâché contre
moi si je ne finis pas mon travail à temps.

☐ Je suis gêné quand mon professeur m'appelle et
que je n'écoutais pas.

☐ Même si je suis capable de bien faire mes devoirs, je fais beaucoup d'erreurs.

☐ Mon écriture est plutôt malpropre.

☐ Je pense que je suis plutôt intelligent quand on me laisse faire les choses que j'aime.

☐ Je pense que j'ai beaucoup d'imagination.

☐ J'aimerais beaucoup mieux l'école si on pouvait se lever et FAIRE des choses au lieu de toujours être assis.

☐ L'école peut être amusante quand on peut parler de nos idées et faire des projets intéressants.

☐ Mon professeur dit que je dérange trop les autres élèves.

☐ Je n'arrive jamais à finir mon travail en même temps que les autres enfants.

☐ Quelquefois, j'ai des problèmes parce que je parle en classe.

AVEC D'AUTRES ENFANTS

☐ Quelquefois, je me fâche contre d'autres enfants et je me mets à les insulter ou même à me battre avec eux.

☐ J'ai facilement de la peine, plus que les autres enfants.

☐ Quelquefois, les autres enfants disent au professeur que je les dérange.

☐ Quelques-uns de mes amis sont plus jeunes que moi.

☐ Je ne sais pas pourquoi mais, parfois, les autres ne veulent pas jouer avec moi.

- [ ] Certains de mes amis pensent que je suis très drôle, mais mon professeur se fâche quand je fais des blagues.

- [ ] Mon papa ou ma maman trouve que je suis trop autoritaire avec les autres enfants.

- [ ] Quelquefois, les autres me taquinent ou se moquent de moi.

- [ ] J'aimerais avoir plus d'amis.

- [ ] Quelquefois, je me sens triste et exclu.

- [ ] Quelquefois, d'autres enfants me taquinent ou m'insultent.

- [ ] Je me fais facilement des amis, mais ils ne le restent pas longtemps.

À PROPOS DE MOI

☐ Ma vie serait merveilleuse si l'école n'existait pas.

☐ J'ai peur de ne pas être aussi bon que les autres en écriture, en lecture et en maths.

☐ Quelquefois, je me dis que c'est moi qui suis intelligent et que c'est l'école qui est stupide !

☐ J'aimerais que les autres enfants m'aiment plus.

☐ Quelquefois, je pense que quelque chose ne va pas avec moi, mais je ne sais pas ce que c'est.

☐ J'aimerais être capable de ne pas m'énerver aussi vite.

☐ Je me sens frustré parce que mes devoirs prennent trop de temps.

24

☐ Ce serait super si je pouvais me rappeler ce que j'ai appris quand j'ai un examen.

☐ Je n'arrête pas de perdre ou d'oublier des choses même si je fais beaucoup d'efforts.

☐ Il me semble que les gens se fâchent contre moi, quoi que je fasse.

☐ Je déteste qu'on se moque de moi.

☐ Quelquefois, je me sens différent des autres enfants, comme à part.

☐ J'aimerais bien que mes parents ou mes professeurs me le disent quand je fais quelque chose de bien.

À LA MAISON

☐ Quelquefois, je n'entends pas mes parents m'appeler, et ils croient que je le fais exprès.

☐ Je me dispute souvent avec mes frères et sœurs.

☐ Il me semble que mes parents se fâchent plus souvent avec moi qu'avec n'importe qui d'autre dans la famille.

☐ J'ai toujours du mal à commencer mes devoirs.

☐ J'ai toujours de la difficulté à me lever le matin et à être prêt à l'heure pour aller à l'école.

☐ J'oublie de faire les choses qu'on me demande, et mes parents pensent que je le fais exprès.

☐ Je déteste me faire disputer à cause des devoirs ou des tâches ménagères.

☐ Je trouve que je n'ai jamais assez de temps pour faire les choses que j'aime.

☐ Ma chambre est toujours en désordre.

☐ J'ai du mal à m'endormir la nuit.

☐ Je m'inquiète à propos de l'école. Quelquefois, j'ai mal au ventre et j'aimerais rester à la maison.

☐ Il me semble que j'ai toujours des ennuis.

J'AIMERAIS QUE LES AUTRES SACHENT DE MOI QUE...

- ☐ Je prends vraiment mes devoirs au sérieux.

- ☐ Je ne fais pas exprès d'oublier ou de perdre des choses.

- ☐ Je déteste que les gens disent que je ne fais pas d'efforts.

- ☐ Souvent, je trouve cela difficile d'être moi.

- ☐ Je ne fais pas exprès de faire des choses qui mettent d'autres enfants en colère.

- ☐ Je veux que mes parents soient fiers de moi.

Félicitations ! Tu as terminé la liste. As-tu parlé de tes réponses avec ton papa ou ta maman ? Est-ce que certaines réponses les ont surpris ? Est-ce que ton papa ou ta maman ont déjà ressenti les mêmes choses quand ils étaient enfants ?

Tu as peut-être l'impression d'avoir coché pas mal de choses qui n'allaient pas, mais...

NE T'EN FAIS PAS !

ON VA T'AIDER !

Tu trouveras dans ce livre des façons de t'aider à te sentir mieux quand tu es à l'école, avec tes amis et à la maison avec ta famille. Il y a d'autres personnes qui peuvent t'aider de pleins de façons, mais il y a aussi des façons de t'aider toi-même.

Si tu ressembles aux enfants qui nous ont aidées à faire ce livre, tu dois être fatigué de lire maintenant. C'est normal. Il faut se reposer après s'être concentré pendant un long moment (*se concentrer* signifie « faire de gros efforts pour être attentif »).

L'HEURE DE LA RÉCRÉ !

Nos héros ont perdu leurs devoirs. Tu sais sans doute ce qu'ils ressentent. Aide-les à les retrouver.

Est-ce que tu te sens mieux maintenant? C'est une bonne habitude de faire une pause quand tu es fatigué. Quand tu fais tes devoirs, tu arriveras à en faire plus si tu te concentres très fort et que tu fais une pause de 5 minutes après avoir travaillé 15 à 20 minutes. Tu peux demander à ton papa ou à ta maman de mettre la minuterie en marche et de te dire lorsque ta pause de 5 minutes est terminée.

Comment les autres peuvent m'aider

Pour beaucoup d'enfants, c'est dur à l'école : ils sont distraits, ils ne finissent pas leur travail, ils ont du mal à lire ou à se rappeler ce qu'ils ont lu. Certains ont aussi du mal à s'entendre avec  les autres élèves. Et, souvent, ils ne se sentent pas bien à la maison : ils se disputent avec leurs parents, ou ils se sentent tristes et découragés.

Si tu as ce genre de problèmes, il y a beaucoup d'adultes qui peuvent t'aider. Il y a des thérapeutes qui peuvent t'aider à mieux t'entendre avec ta famille et tes amis. Il y a des tuteurs qui peuvent t'apprendre à faire tes devoirs plus vite et te donner des trucs pour mieux apprendre. Il y a aussi des médecins qui peuvent t'aider à être plus attentif.

Être meilleur à l'école

Une personne qui comprend bien tes problèmes, un thérapeute ou un tuteur, peut aller voir ton professeur et lui proposer différentes manières de t'aider à devenir un meilleur élève. Par exemple, pour certains enfants, cela les aide de s'installer dans un endroit plus tranquille pour travailler ou bien d'aller dans une école où il y a moins d'élèves par classe. Quand il y a moins de distractions, les enfants se concentrent plus facilement.

C'EST BIEN PLUS FACILE POUR ELLE DE TRAVAILLER ICI!

Mieux m'entendre avec mes amis et me sentir mieux

Quelquefois, c'est utile de rencontrer un thérapeute qui peut aider les enfants à se faire des amis et à s'entendre avec les autres enfants. Tu peux dire à ton thérapeute quels problèmes tu as à la maison ou à l'école et parler de ce que tu ressens à propos de ça. Les thérapeutes ne se fâchent jamais contre toi et ne te disent jamais que, tout ça, c'est de ta faute.

Rencontrer un thérapeute t'aide à mieux comprendre qui tu es et aussi à te sentir plus sûr de toi. Si tu vas voir un thérapeute, c'est une bonne idée d'apporter ce livre. Tu pourras lui montrer la liste des choses que tu as cochées et il pourra t'aider à voir ce que tu peux faire.

Aider mes parents à me comprendre

Tes parents pourraient aussi parler avec un thérapeute qui est spécialisé dans le TDAH. Le thérapeute pourra leur donner de meilleurs conseils pour t'aider à te préparer le matin ou à finir tes devoirs, ou encore leur montrer des façons plus simples de t'aider à dire quand tu te sens frustré ou fâché.

Tes parents apprendront aussi que tu n'as pas été paresseux ou mauvais. Ils apprendront que tu as vraiment fait des efforts, mais que c'est difficile pour toi de faire tout ce qu'on te demande de faire.

M'aider avec des médicaments

Certains enfants voient un médecin qui leur donne un médicament pour les aider à se calmer, à être attentifs et capables de finir leurs devoirs. Prendre un médicament ne veut pas dire que tu es malade. Le médicament donne juste à ton corps ce dont il a besoin pour pouvoir se concentrer et ne pas être dans la lune. Tu te rappelles qu'on avait parlé de cerveau un peu « endormi »? Eh bien, le médicament que le médecin donne habituellement aux enfants qui ont le TDAH est un « médicament stimulant ».

Le médicament stimulant aide les enfants qui ont le TDAH car il réveille — il « stimule » — la partie de leur cerveau qui est « endormie ». Ainsi, ils peuvent mieux écouter, se souvenir des choses et finir leurs devoirs plus rapidement. Les médicaments pour le TDAH peuvent t'aider à être plus attentif à tout : par exemple, ils peuvent t'aider à mieux suivre la balle quand tu fais du sport, ou à mieux écouter ce que dit un ami sans l'interrompre.

Certains médicaments durent toute la journée et les enfants n'ont qu'à en prendre une fois par jour, le matin, avant l'école. D'autres médicaments durent seulement quelques heures et les enfants doivent en prendre plusieurs fois : le matin, à la maison, mais aussi pendant la journée, à l'école. Alors, ils doivent aller voir leur enseignante, ou une éducatrice ou une surveillante pour recevoir leur médicament.

Comme tu le vois, il y a plusieurs personnes qui peuvent t'aider. Mais tu peux aussi faire des choses pour t'aider toi-même !

Dans la prochaine section du livre, tu vas trouver des idées de choses à essayer à la maison ou à l'école. Parles-en à tes parents et à tes professeurs ; comme ça, ils pourront t'aider.

Là, tu es probablement prêt à faire une autre pause !

RELIE LES POINTS ENTRE EUX. TU VERRAS POURQUOI TON CHIEN EST SI CONTENT !

Comment je peux m'aider moi-même

Il y a plein de façons d'avoir de l'aide : de tes parents, de tes professeurs, avec des médicaments. Mais certaines des choses les plus importantes sont celles que tu peux apprendre à faire toi-même. C'est important que les autres t'aident à prendre de nouvelles habitudes. Cela prendra du temps avant que ça devienne des gestes automatiques. Tes parents ou ton thérapeute peuvent t'aider à décider par quoi commencer en premier et à te rappeler que tu dois t'entraîner.

Des trucs pour ne pas oublier

La plupart des enfants qui ont du mal à être attentifs ont aussi de la difficulté à se rappeler les choses. Si c'est ton cas, voici quelques trucs pour t'aider :

● Écris-toi une note. Utilise des feuillets autoadhésifs de couleur et colle-les à des endroits où tu seras sûr de les voir.

● C'est difficile pour toi de te rappeler ce qu'on t'a dit. Demande à ton papa ou à ta maman de t'écrire une note et de la coller à un endroit où tu la verras bien.

● Mets toujours tes affaires au même endroit. Un crochet pour ton manteau, une étagère pour tes livres et ton sac d'école, une boîte pour tes affaires de sport... Si tout cela est au même endroit, ce sera facile pour toi de les ranger en arrivant de l'école. Comme ça, tu sauras où sont tes choses quand tu en auras besoin !

- La minuterie de la cuisine peut t'aider. Par exemple, si tu dois aller à ton cours de natation dans 20 minutes, règle la minuterie pour te rappeler quand tu dois partir.

- Apprends à faire les choses sans attendre! Si tu te rappelles que tu dois faire quelque chose, fais-le tout de suite. Ainsi, tu n'auras pas le temps d'oublier!

- Si tu dois apporter des affaires à l'école, mets-les à un endroit spécial, près de la porte d'entrée.

- Avant de quitter la maison, arrête-toi une minute pour te demander: « Bon, est-ce que j'ai tout ce qu'il me faut? »

● Écris toutes tes activités sur un calendrier et les choses que tu as à faire sur une liste. Accroche le calendrier et la liste sur un tableau d'affichage.

● Place ce tableau à un endroit que tu peux voir souvent. Tu pourrais choisir la cuisine par exemple.

● Tous les jours, consulte ton calendrier et ta liste de choses à faire. Ton papa ou ta maman peuvent t'aider à t'en souvenir.

● En te levant le matin, pense à ta journée. « On est mardi. J'ai mon entraînement de soccer aujourd'hui. Donc, j'ai besoin de mes chaussures de sport. »

Se préparer le matin

Le meilleur moyen d'être prêt à l'heure est de préparer le plus de choses la veille. Comme ça, si tu as perdu quelque chose, tu auras le temps de le chercher.

- Sors les vêtements que tu vas porter, le soir avant de te coucher.

- Prépare ta boîte à lunch le soir et place-la à côté du frigo, prête à recevoir les aliments frais.

- Rassemble toutes les choses dont tu auras besoin le lendemain : argent pour le repas, devoirs, billet pour ton professeur…

- Décide d'une routine. Fais toujours les choses dans le même ordre. Cela t'aidera à t'en souvenir.

- Fais la liste des choses que tu dois faire chaque matin et affiche-la à un endroit bien en vue. Vérifie-la plusieurs fois pendant que tu te prépares.

- Ne joue pas ou ne regarde pas la télé avant d'être complètement prêt !

- Demande à ton papa ou à ta maman de préparer pour toi une « aire de lancement ». Tu pourras y déposer toutes les affaires dont tu as besoin pour l'école le lendemain. Affiche, à côté de cet endroit, la liste de ces affaires.

Des trucs pour ranger ma chambre

Si tu es comme les autres enfants, tu entends souvent ton papa ou ta maman répéter : « Range ta chambre ! » Ranger ta chambre n'est certainement pas ce que tu pourrais appeler une activité amusante ! Tu ranges sans doute ta chambre seulement quand tes parents insistent. Mais, sais-tu qu'une chambre bien rangée peut t'aider à te sentir mieux et à mieux travailler à l'école ?

Quand ta chambre est rangée, tu trouves plus facilement tes affaires. Ainsi, cela t'aide à être à l'heure pour partir à l'école et même à te rappeler d'apporter tes devoirs à rendre. Dans une chambre rangée, tu peux mieux te concentrer sur ta lecture ou tes devoirs, et tu finiras plus vite !

LES 8 ÉTAPES POUR RANGER TA CHAMBRE

Il te faudra :

 une poubelle

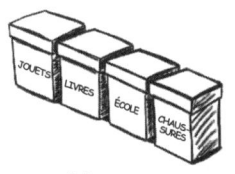

4 boîtes de carton avec des étiquettes :
JOUETS, LIVRES, ÉCOLE, CHAUSSURES

 un panier à linge sale

2 crochets dans l'armoire

 des étagères

un bureau

CE QUE TU DOIS FAIRE

 Mets tous tes vêtements sales dans le panier et tes vêtements propres dans ta commode.

 Range tous tes jouets sur tes étagères ou dans ta boîte JOUETS.

 Mets tous tes livres sur tes étagères ou dans ta boîte LIVRES.

 Range toutes tes affaires et ton sac d'école sur ton bureau ou dans ta boîte ÉCOLE.

 Range toutes tes chaussures dans ton armoire ou dans ta boîte CHAUSSURES.

ÉTAPE 6 — Mets les ordures et les choses que tu veux jeter dans ta corbeille ou à la poubelle.

ÉTAPE 7 — Fais ton lit.

ÉTAPE 8 — Accroche ton pyjama et tes vêtements sur les crochets, dans ton armoire.

Si tu suis ces étapes l'une après l'autre, tu deviendras vite le spécialiste du rangement de ta chambre ! Ton papa ou ta maman pourrait recopier ces 8 étapes sur une liste et en faire des copies. Comme ça, tu pourrais en utiliser une chaque semaine pour ton rangement.

Comment mieux écouter en classe

C'est important d'être attentif si tu veux apprendre et avoir de bons résultats scolaires. Et meilleurs seront tes résultats, mieux tu te sentiras. Voici des trucs pour t'aider à être plus attentif à l'école :

- Assieds-toi à l'avant de la classe et regarde bien ton professeur chaque fois qu'il parle.

- Implique-toi ! Ne reste pas simplement assis sans rien dire. Pose des questions, fais des commentaires (après avoir levé la main, bien sûr !).

- Garde ton pupitre dégagé pour pouvoir travailler sur une seule chose à la fois.

FAIRE UNE CHOSE À LA FOIS, C'EST BEAUCOUP PLUS FACILE !

- Si des enfants te parlent ou te dérangent, demande à changer de place. Et toi, ne parle pas quand il faut que tu écoutes.

- Pour te rappeler de faire attention, porte un élastique pas trop serré autour du poignet. Quand tu commences à être dans la lune, tire un peu sur l'élastique, mais attention de ne pas te pincer!

- S'il y a trop de bruit ou de distraction dans la classe quand tu essaies de travailler, demande à ton professeur si tu peux déplacer ton pupitre ou t'asseoir dans un coin plus tranquille.

- N'apporte pas de jeu ou de jouet qui pourrait te distraire à l'école.

- Si tu ne comprends pas quelque chose, demande tout de suite de l'aide.

Quoi faire quand je me sens agité

C'est difficile d'être attentif et de faire tes devoirs quand tu te sens agité. Voici quelques trucs qui t'aideront à te sentir mieux quand tu ne tiens pas en place.

- Demande à ton professeur si tu peux faire une course pour lui ou l'aider à faire quelque chose pendant 5 minutes. Puis remets-toi au travail.

- Demande à ton professeur si tu peux garder une petite balle en caoutchouc dans ton pupitre et la serrer dans ta main quand tu ne travailles pas. Mais ne joue pas avec la balle et ne la lance jamais dans la classe !

- Demande à ton papa ou à ta maman avant le repas si tu peux quitter la table dès que tu auras fini de manger.

- Fais de l'exercice chaque jour. Tu peux jouer dehors, faire une promenade avec papa ou maman, suivre des cours de karaté ou faire du sport, par exemple.

- Mets-toi debout et é-t-i-r-e-toi. Ensuite, penche-toi en avant et touche tes orteils. Puis rassieds-toi. Fais cet exercice calmement.

- Fais une pause de 5 minutes pendant tes devoirs ou mémorise des choses pendant quelques minutes en marchant autour de la table.

- Fais des dessins, assis à ton bureau, si tu as fini tes devoirs.

De l'aide pour faire mes devoirs

Certains enfants mettent beaucoup de temps à finir leurs devoirs. Voici des conseils pour t'aider à les faire correctement et à les finir plus vite.

PRENDRE UNE NOUVELLE HABITUDE

Quel est pour toi le meilleur moment de la journée pour faire tes devoirs? Habituellement, c'est un moment où tu n'es pas trop fatigué. Et quel est l'endroit où tu travailles le mieux? C'est peut-être la table de la cuisine, car tu peux poser des questions à ton papa ou à ta maman pendant qu'ils préparent le repas? Ou tu travailles peut-être mieux à la table de la salle à manger après le repas, car c'est plus calme et loin de la télé? Demande à ton papa ou à ta maman ce qu'ils en pensent. Si tu n'es pas sûr, essaie de faire tes devoirs à des moments différents (après l'école ou après le repas) et à différents endroits (ta chambre, la table de la cuisine, la table de la salle à manger).

Est-ce que tu travailles mieux quand tu es seul ou quand tu es près de papa ou maman, qui peuvent t'aider si tu en as besoin? Certains enfants travaillent mieux quand il y a un moment précis pour faire les devoirs, au même moment que leurs frères et sœurs, par exemple. Pour certains enfants, prendre une seconde dose de médicament l'après-midi peut aider à mieux faire ses devoirs le soir. Mais cela dépend des médicaments et de l'avis du médecin.

Une fois que tu as choisi le meilleur moment et le meilleur endroit pour tes devoirs, il faut que cela devienne une habitude. Après t'être assis au même endroit à la même heure pendant une ou deux semaines, tu trouveras que c'est beaucoup plus facile de faire tes devoirs parce que tu auras entraîné ton cerveau à commencer à travailler et à rester concentré.

DES TRUCS POUR MIEUX FAIRE TES DEVOIRS

Voici d'autres trucs pour t'aider à faire tes devoirs… et à les rapporter à l'école !

- Prends un cahier spécial et, quand ton professeur donne un devoir, écris-le dans ton cahier.

- Si tu n'es pas sûr d'avoir écrit tous les devoirs à faire, demande à ton professeur de vérifier ta liste de devoirs à la fin de la journée.

- Trouve un endroit calme pour faire tes devoirs, loin des tentations comme la télé.

- Fais tes devoirs quand tu n'es pas trop fatigué. Certains enfants sont meilleurs s'ils jouent après l'école et font leurs devoirs après manger. D'autres sont trop fatigués après le repas. Choisis le meilleur moment pour toi.

- Si tu en as assez d'être assis, tu peux lire debout pendant quelques minutes.

- Pour certains enfants, c'est plus facile d'apprendre s'ils répètent à haute voix et marchent dans la pièce, par exemple pour mémoriser les tables de calcul.

- Choisis une activité que tu aimes bien et que tu ne peux faire avant tes devoirs. Ainsi, tu auras envie de terminer plus vite.

● N'essaie pas de faire trop de choses à la fois. Travaille 15 minutes, fais une petite pause, puis travaille encore un peu.

● Garde dans ton sac d'école une pochette colorée. Dès que tu as fini un devoir, range-le dans la pochette. Comme ça, ce sera plus facile de retrouver tes devoirs et de les rendre à ton professeur.

Apprendre à contrôler ma colère

Être frustré, se fâcher et se mettre en colère, c'est un problème pour beaucoup d'enfants. Tout le monde se fâche à l'occasion, c'est normal. Mais cela peut poser des problèmes si cela t'arrive trop souvent ou si tu n'arrives pas à contrôler cette colère. Tu peux perdre des amis, ou avoir des problèmes à l'école, ou encore avoir du mal à t'entendre avec ta famille. Te fâches-tu plus souvent que les autres enfants?

Voici des choses que tu peux faire pour éviter d'être trop en colère ou trop fâché.

- Éloigne-toi de la personne contre qui tu es fâché pour pouvoir réfléchir avant de dire ou de faire quelque chose qui pourrait blesser quelqu'un ou t'attirer des ennuis.

- Si quelqu'un essaie de te mettre en colère, sois futé. Ne le laisse pas t'attirer des ennuis. Va parler de ton problème à ton père ou à ta mère, ou à ton professeur.

- Évite les personnes qui veulent te taquiner ou qui cherchent à te mettre en colère.

- Si tu es frustré par ce que tu es en train de faire, les devoirs par exemple, demande tout de suite de l'aide avant d'en avoir vraiment assez.

- Si tu es fâché parce que tu n'as pas le droit de faire une chose que tu aimes, demande si tu pourrais obtenir l'autorisation de le faire comme récompense.

- Si tu es trop fâché pour parler sans crier, essaie de parler du problème avec une personne contre qui tu n'es pas fâché. Le fait de parler calmement d'un problème peut t'aider à y réfléchir et, peut-être, à trouver une solution.

- Fais sortir les sentiments de colère qui sont en toi: va taper dans un ballon ou courir dehors pendant quelques minutes.

- Trouve-toi un endroit calme si possible pour faire l'exercice de relaxation décrit à la page suivante.

UN EXERCICE POUR ME CALMER

Quand tu es vraiment frustré et que tu sens que tu vas t'énerver, essaie cet exercice. Il se fait en trois étapes.

1. Pense à une chose que tu aimes : écouter de la musique, marcher sur la plage ou faire du vélo. Essaie d'avoir une image très claire dans ta tête.
2. Inspire profondément, puis laisse sortir l'air de tes poumons tout doucement.
3. Pense aux mots « calme-toi ».

Vas-y, essaie. D'abord, pense à quelque chose d'agréable. Maintenant, prends une profonde inspiration puis laisse l'air sortir dou-ce-ment et pense aux mots « calme-toi ». Recommence deux fois. **TU AS RÉUSSI ! BRAVO !**

Rappelle-toi. Lorsque tu es vraiment en colère, tu devras peut-être faire cet exercice au moins trois fois. Ensuite, si tu es encore fâché ou énervé, va voir ton papa ou ta maman, ou ton professeur, et demande-lui de t'aider à résoudre ton problème.

Entraîne-toi à faire cet exercice de relaxation quand tu n'es pas fâché. Peut-être que ton papa ou ta maman peuvent s'entraîner avec toi : cela pourrait aussi leur faire du bien !

Demander de l'aide

Que fais-tu lorsque tu te sens perdu ou que quelque chose est trop dur pour toi? Certains enfants sont gênés quand ils ne savent pas quoi faire. Au lieu de demander de l'aide, ils ne font rien et n'en parlent à personne. Cela ne fait que compliquer le problème. C'est normal que tu oublies des choses ou que tu ne saches pas quoi faire. Il suffit que tu dises à ton papa ou à ta maman, ou à ton professeur :

« J'ai oublié ce que tu m'avais demandé de faire. »

ou

« Peux-tu m'aider ? »

ou

« Pourrais-tu réexpliquer ? »

ou

« Pourrais-tu me montrer ce que tu voulais dire ? »

Explique-lui que tu fais des efforts. Dis à ton professeur que tu veux être sûr d'avoir compris ce que tu dois faire car c'est un moyen pour toi de t'aider toi-même.

MAMAN, PEUX-TU M'AIDER ?

Parler des problèmes à la maison

Est-ce que ton papa ou ta maman sont toujours après toi? Est-ce que, quand il y a des problèmes à la maison, cela finit toujours par une dispute? Cela t'aidera vraiment de réserver un moment pour parler régulièrement de ce qui ne va pas avec tes parents. Si tu te disputes souvent avec tes frères et sœurs, ce sera aussi un bon moment pour parler de ces problèmes-là.

N'essaie pas de parler d'un problème lorsque tu es vraiment fâché. Attends d'abord de t'être calmé. C'est bien d'avoir régulièrement un moment pour parler des problèmes ou des désaccords dans la famille. Choisis un moment où tout le monde est à la maison et a le temps de se réunir et d'écouter. Essaie de faire ça une fois par semaine. S'il y a un gros désaccord qui ne peut pas attendre jusqu'à la prochaine réunion, alors essaie de t'asseoir et de parler le jour même…, mais assure-toi d'abord que tu es plus calme!

Parler des problèmes, cela veut dire expliquer ce que tu ressens, écouter les autres, essayer de comprendre ce qu'ils ressentent et chercher des solutions.

Les règles pour une discussion en famille

- Tout le monde doit avoir la chance de dire ce qu'il ressent à propos du problème.

- On n'interrompt pas celui qui parle.

- Ne parle pas trop longtemps. Explique ce que tu penses en quelques phrases puis laisse les autres parler.

- Ne critique pas les autres et ne les insulte pas. Tu cherches des solutions, pas de nouveaux problèmes !

- Essaie de proposer de nouvelles idées.

- Écoute les idées de tes parents.

- Essaie les nouvelles idées pendant quelques jours puis reparles-en pour voir si ces idées marchent. Tu pourras alors faire des changements ou proposer des idées complètement différentes si les anciennes idées n'ont pas réglé le problème.

Si ta famille et toi avez régulièrement des réunions pour régler les problèmes, l'ambiance sera sans doute beaucoup plus calme et plus agréable à la maison !

 JE SUPPOSE QUE JE NE DOIS PAS TOUCHER À SES AFFAIRES...

 ÇA SERAIT MIEUX !

Résoudre des problèmes

Que fais-tu quand tu as un problème? Quand ce sont vraiment de gros problèmes, tu auras peut-être besoin de l'aide de ton professeur, ou de ton papa ou de ta maman, mais quelquefois tu peux trouver toi-même ce qu'il faut faire en suivant les étapes suivantes.

 Quel est le problème? (Exemple: j'ai oublié de remettre mon devoir.)

 Qu'est-ce que je pourrais faire pour résoudre ce problème? (Je pourrais demander à un ami de me rappeler de le remettre. Je pourrais avoir dans mon sac d'école une pochette colorée pour y mettre les devoirs à rendre. Je pourrais coller une note sur mon bureau...)

 Quelle solution semble la meilleure? (Coller une note sur mon bureau.)

 Essaie cette solution pour voir si ça marche. (Super! J'ai vu ma note et j'ai rendu mon devoir!)

 Si ça ne marche pas, essaie une autre solution. (Zut, j'ai oublié d'écrire une note sur mon bureau. Je pourrais demander à papa de m'acheter une pochette colorée pour y mettre mes devoirs. Comme ça, je remarquerais la pochette et je rendrais mon devoir.)

Pense à un problème que tu as en ce moment, ou que tu as eu ces derniers jours. Essaie de résoudre ce problème en suivant les 5 étapes pour voir si tu trouves une solution à laquelle tu n'avais pas pensé avant. Peut-être que ton papa ou ta maman peut t'aider à t'entraîner à résoudre des problèmes.

Écris dans un journal tous les problèmes dans ta famille et leurs solutions. Tes parents peuvent t'aider à tenir le journal. Apporte ce journal au moment des discussions en famille. Comme ça, tu te rappelleras quelles solutions fonctionnent et quelles solutions ne fonctionnent pas, et tout le monde pourra se souvenir des nouvelles solutions que vous allez essayer.

Ne pas interrompre les autres

Certains enfants ont beaucoup de mal à ne pas interrompre les autres. Tout le monde interrompt les autres, mais certains enfants le font constamment. Si tu fais ça, les gens à qui tu parles peuvent se fâcher ou même ne plus avoir envie d'être tes amis. Voilà certaines choses que tu pourrais faire.

- Si tu veux dire quelque chose, demande la permission : « Est-ce que je peux parler une seconde ? » ou « Excusez-moi, est-ce que je peux poser une question ? »

- Pense vraiment à ce que dit la personne. Imagine-toi qu'il y aura un jeu dans cinq minutes et que tu devras répéter tous les mots qu'elle a dits.

- Si tu interromps quelqu'un, excuse-toi.

- Attends que la personne ait fini sa phrase pour commencer à parler.

Tu peux t'exercer à la maison à ne pas interrompre. Fais-en un jeu. Combien de temps es-tu capable de tenir pendant le repas sans interrompre quelqu'un?

Se faire des amis et les garder

Tout le monde veut avoir des amis, mais pour certains enfants, c'est plus facile de se faire des amis et de les garder. Si tu veux avoir plus d'amis ou que tu te disputes souvent avec tes amis, voici des trucs qui peuvent t'aider.

● Aie l'air aimable, souris et dis bonjour.

● Partage tes choses quand tu joues avec tes amis.

- Chacun son tour. Laisse chacun avoir la chance de jouer ou de diriger le jeu.

- Ne sois pas trop autoritaire. Laisse les autres enfants participer à certaines décisions.

- Reste calme. Ne fais pas trop d'idioties et ne crie pas trop fort.

- Fais des compliments à tes amis : « Quelle force ! » ou « Super but ! », par exemple.

- Essaie de ne pas bousculer tes amis, ni de les empoigner ou de les pousser.

- Ne te moque jamais des autres. Tu sais que ça fait vraiment de la peine.

- Ne frappe pas, ne crie pas et n'insulte pas tes amis quand tu es fâché. Rappelle-toi que tu dois t'éloigner pour te calmer avant de dire ou de faire des choses que tu pourrais regretter plus tard.

- Si tu as un gros problème avec un ami, va voir un adulte et demande-lui de l'aide. Si tu as un petit problème, essaie de trouver une solution avec ton ami.

- Excuse-toi si tu as fait ou dit quelque chose qui a blessé quelqu'un.

Mieux réagir quand je me sens blessé

Certains enfants se sentent facilement blessés. Cela peut être un gros problème, car beaucoup d'enfants vont te taquiner davantage s'ils savent que cela te fait de la peine. Ce n'est vraiment pas amusant quand quelqu'un est toujours après toi. Alors voici quelques trucs qui pourraient t'aider.

- Ignore-les. Cela ne les amusera pas si tu ne réagis pas.

- Défends-toi. Ne te mets pas en colère et dis d'une voix ferme : « Arrête ! Ça suffit ! »

- S'il y a des enfants qui n'arrêtent pas de t'embêter, évite-les. Et s'ils continuent à le faire malgré tout, parles-en immédiatement à un adulte avant que le problème devienne plus grave. Les adultes peuvent t'aider à résoudre le problème.

- Parle à un ami ou à un thérapeute. Quand on a de la peine, cela nous aide vraiment de parler à quelqu'un.

- Trouve-toi des amis qui sont gentils et positifs. N'essaie pas d'être l'ami de quelqu'un qui est méchant avec toi ou qui n'arrête pas de te critiquer.

Se relaxer

Les enfants sont quelquefois stressés parce qu'ils sont fatigués ou qu'ils ont faim, ou qu'ils ont passé une mauvaise journée à l'école. C'est généralement dans ces moments-là qu'il y a des disputes. Si tu te sens stressé, entraîne-toi à utiliser ces moyens de te relaxer. Ce sont aussi de bonnes idées pour les grands !

- Va dans ta chambre t'allonger ou faire une activité tranquille.

- Prends une légère collation si tu as faim.

- Éloigne-toi de ton frère ou de ta sœur si vous commencez à vous disputer.

- Prends un bain chaud.

- Écoute de la musique relaxante.

- Va te promener avec ton papa ou ta maman.

- Allonge-toi près de ton chien ou de ton chat.

- Demande à ton papa ou à ta maman de te masser le dos si quelque chose te stresse vraiment beaucoup.

- Fais une de tes activités favorites.

- Fais une activité créative — dessiner, peindre, bricoler — , pour oublier tes soucis.

- Fais une activité physique, comme du vélo ou des paniers au basket-ball.

Quoi faire quand j'ai du mal à m'endormir

Certains enfants ont beaucoup de mal à être assez détendus le soir pour s'endormir. Cela peut être un gros problème parce que, si tu ne dors pas bien la nuit, tu seras fatigué le lendemain. Et si tu es fatigué, tu auras encore plus de difficultés à être attentif, à te souvenir des choses et à faire tes devoirs. Si tu ne dors pas assez, tu risques davantage d'avoir du mal à t'entendre avec tes amis ou avec ta famille parce que, quand tu es fatigué, tu risques plus facilement d'être de mauvaise humeur, de te fâcher ou d'être frustré.

Voici des trucs qui vont t'aider à t'endormir plus facilement.

● Établis un horaire très régulier le soir et fais toujours les mêmes choses dans le même ordre. Par exemple :

18 h 30	**Faire mes devoirs dans une pièce loin de la télévision.**
19 h 30	**Prendre une collation et regarder la télé durant 30 minutes.**
20 h	**Me préparer pour demain : préparer mon lunch, choisir mes vêtements.**
20 h 15	**Prendre un bain, me brosser les dents, mettre mon pyjama.**
20 h 30	**Me coucher et lire un livre ou demander à maman ou à papa de me raconter une histoire.**
21 h	**Faire un bisou et éteindre la lumière !**

- Évite tout ce qui est vraiment actif ou excitant les soirs de semaine.

- Écoute de la musique calme une fois que la lumière est éteinte.

- Ne regarde pas la télé et ne joue pas à des jeux vidéo. Cela te tiendrait éveillé plus longtemps.

- Lis les consignes d'un devoir. Quelquefois, cela t'endort en cinq minutes !

- Ne fais pas de sieste, ni de grasse matinée. Sinon, tu auras plus de mal à t'endormir à l'heure le soir.

- Si tu as besoin d'un médicament stimulant pour t'aider à être plus attentif, prends-le au moment où ton médecin te l'a prescrit.

● Ne bois rien qui contient de la caféine dans l'après-midi, ni dans la soirée. Si tu ne sais pas ce qui contient de la caféine, demande à ton papa ou à ta maman.

● Si tu n'arrives pas à t'endormir tout de suite, essaie juste de te relaxer. Garde les yeux fermés et essaie de faire un rêve « éveillé », comme si tu regardais un film dans ta tête. Imagine que tu es dans un lieu que tu aimes, par exemple sur la plage, puis imagine ce que tu serais en train de faire : construire un château de sable ou marcher le long de la mer, par exemple.

Les choses que je veux changer

Eh bien, il y en a, des choses à essayer et à apprendre!
Nous avons vu plein de choses que tu peux faire
pour être plus heureux et avoir moins de problèmes.
N'essaie pas d'apprendre à tout faire en même temps.
Tes parents et toi devriez choisir une chose que vous
voudriez changer. Entraîne-toi pendant un moment.
Lorsque tu trouves que c'est facile, commence à
travailler sur une autre chose.

Sur la page suivante, fais la liste des choses que tu
voudrais changer en premier.

JE COMMENCE PAR L'AIRE DE LANCEMENT!

C'EST UN BON CHOIX!

LES CHOSES QUE JE VEUX CHANGER !

_____

_____

_____

_____

_____

_____

_____

_____

_____

Plus loin, la section quatre explique comment tes parents et toi pouvez travailler ensemble pour faire ces changements. Si vous travaillez ensemble, cela peut être très amusant et toi, tu te sentiras bien si tu réussis.

Des façons de me sentir bien

Certains enfants commencent à se sentir mal parce que leur professeur ou leurs parents les critiquent et parce qu'ils ont des problèmes avec d'autres enfants. Au bout d'un moment, tu peux finir par penser que tu n'es bon à rien. Voici des choses que tu peux faire pour te sentir bien.

- Fais la liste de ce que tu aimes chez toi. Demande à tes parents d'ajouter des choses à ta liste. Tu peux commencer ta liste à la page suivante !

- Passe plus de temps avec les personnes qui sont gentilles avec toi et qui t'encouragent.

- Trouve des choses à faire que tu réussis bien.

- Si ton papa ou ta maman te critique souvent, c'est une bonne chose d'en parler dans une réunion familiale.

- Chaque jour, passe un moment « spécial » avec ton papa ou ta maman. Ne faites rien de particulier, ou alors quelque chose d'amusant, mais ne parlez pas des problèmes.

- Parle à un thérapeute de ce que tu ressens.

- Lorsque tu te sens découragé, tu peux t'encourager en te disant ce genre de choses :

« Personne n'est parfait.
Je ne suis peut-être pas bon en/pour _____
mais je suis vraiment bon en/pour _____ **»**

ou

« Je ne me sens pas bien maintenant
mais je peux faire différentes choses pour aller
mieux : parler à quelqu'un qui me comprend
vraiment et qui m'aime, par exemple. »

ou

« J'ai un problème, mais je suis
bon pour résoudre les problèmes. »

ou

« Tout le monde fait des erreurs. Ce qui compte, c'est
ce que les erreurs nous permettent de changer. »

CE QUI EST FORMIDABLE CHEZ MOI

Voici le bon endroit pour commencer la liste des
choses que tu aimes chez toi !

_____

_____

_____

_____

_____

_____

_____

_____

IL VA NOUS
FALLOIR PLUS
D'UNE PAGE !

_____

_____

_____

Enfin ! C'est le temps de se reposer !

Rappelle-toi, ce n'est pas bien de travailler sans arrêt. Nous avons parlé de toutes les choses que tu peux faire pour t'aider mais maintenant, c'est le moment de t'amuser un peu !

Recherche toutes les petites croix sur cette image. Encercle la lettre qui se trouve au-dessus de chacune. À la fin, retrouve le message secret.

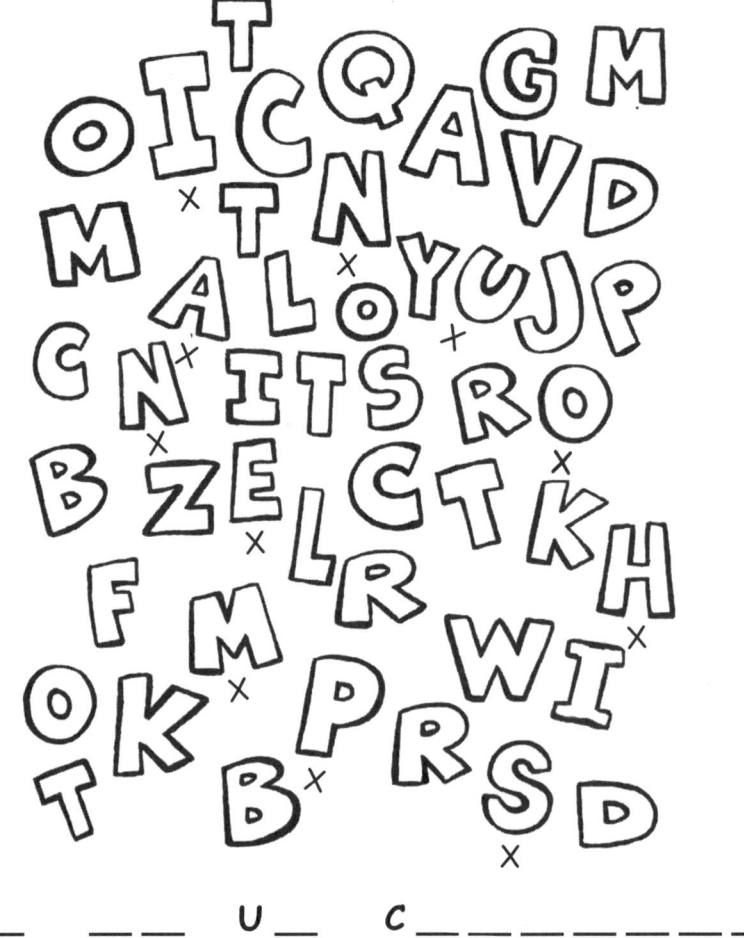

T __ __ __ U __ C __ __ __ __ __ __ __ __.

Mes projets spéciaux avec mes parents

C'est vraiment important que ton papa ou ta maman t'aide lorsque tu veux changer d'habitude ou de comportement. Changer de comportement n'est pas facile, surtout au début, alors cela t'aidera qu'ils te donnent un coup de main. Ils peuvent t'encourager et t'aider à te rappeler la nouvelle habitude sur laquelle tu travailles. Quelquefois, ils peuvent aussi t'aider à trouver de quelle manière tu vas réussir à prendre une nouvelle habitude.

Travailler ensemble sur les changements

Disons que tu veux changer la façon dont tu te prépares d'habitude le matin. Ton papa ou ta maman peut t'aider à décider des bonnes habitudes à prendre et en faire la liste avec toi. Ils peuvent aussi prendre l'habitude de te demander, chaque soir, si tu as rapporté de l'école des papiers à leur remettre ou à faire signer.

Pour chaque habitude que tu choisis de changer, ton papa ou ta maman peut t'aider à trouver des façons de t'en souvenir toi-même. Cela peut aussi être amusant que ton papa ou ta maman essaie de prendre une nouvelle habitude en même temps que toi. Comme ça, vous pourrez vous encourager et vous rappeler les choses mutuellement !

Voici des trucs pour vous aider à travailler ensemble.

- Regarde ta liste de choses que tu veux changer, à la page 78.

- Choisis un projet. Tu as peut-être envie de travailler sur plusieurs à la fois, mais commence par un seul. C'est important : comme ça, tu évites d'en faire trop à la fois et d'abandonner.

- Ne choisis pas quelque chose de trop difficile pour commencer. Choisis quelque chose d'assez facile et entraîne-toi à apprendre de nouveaux comportements.

- Récompense-toi chaque fois que tu réussis quelque chose.

- Décide avec tes parents quelle sera ta récompense. Choisis une petite récompense pour chaque fois que tu réussis quelque chose. Choisis une plus grande récompense pour la fin de la semaine si tu as réussi quelque chose plusieurs jours de suite.

- N'essaie pas d'être parfait. Essaie juste de t'améliorer. Tu sais, c'est normal de rater quelquefois. Ne sois pas découragé si tu n'obtiens pas de récompense. Il faut du temps pour prendre de nouvelles habitudes.

- Imagine ta vie quand tu auras réussi à prendre cette nouvelle habitude. Ce sera tellement mieux !

- Tous les jours, dis-toi : « Je suis capable de réussir ! »

Mon tableau de progrès

Une fois que tu as choisi une habitude à changer, remplis chaque jour ton tableau pour voir tes progrès. Selon toi, comment ça s'est passé aujourd'hui? Tu t'améliores? Tu as été super? Ça n'a pas marché du tout? Tu peux même garder une place sur ton tableau pour les problèmes à résoudre, si ça n'a pas marché. À la page 89, tu trouveras un exemple de tableau. Tu peux aussi en créer un toi-même.

Discute chaque jour avec ton papa ou ta maman de tes progrès. Cela fait du bien de parler de ce que tu as réalisé, et cela fait du bien de voir que tes parents sont fiers de toi.

Ne t'attends pas à être super tous les jours! Personne n'est parfait et personne ne change en une journée. Tes parents peuvent t'écouter et t'encourager, et ils peuvent t'aider à résoudre des problèmes et à t'entraîner sur les choses que tu essaies vraiment d'apprendre. Si tu as de la difficulté avec un projet en particulier, parles-en avec eux pour trouver pourquoi. Peut-être as-tu choisi quelque chose de trop difficile pour commencer. Ou peut-être tes parents et toi avez besoin de trouver de meilleures façons de vous rappeler sur quoi vous devez travailler ensemble.

BONNE CHANCE AVEC TES PROJETS SPÉCIAUX!

TU EN ES CAPABLE!

JE TRAVAILLE SUR

Semaine du _____

JE TRAVAILLE SUR _____

_____

COMMENT ÇA SE PASSE?

	Mal	Mieux	Super!
Jour 1	❑	❑	❑
Jour 2	❑	❑	❑
Jour 3	❑	❑	❑
Jour 4	❑	❑	❑
Jour 5	❑	❑	❑
Jour 6	❑	❑	❑
Jour 7	❑	❑	❑

PROBLÈME À RÉSOUDRE

Quand j'essaie de _____

_____ , ça ne marche pas du tout.

Quel est le problème? _____

_____

Qu'est-ce que je pourrais faire pour résoudre le problème?

1._____

2._____

3._____

Tu as fini le livre !

Nous avons parlé de plein de choses dans ce livre. Nous espérons que tu as appris beaucoup de choses et que tu t'es aussi un peu amusé.

Voici une petite récompense pour tous tes efforts. Tu sais bien, il faut toujours se récompenser quand on a bien fait un travail !

Pour les parents

Plus vous en saurez sur les façons efficaces de gérer les comportements de votre enfant qui souffre du TDAH, plus ce livre vous sera utile, à vous et à votre enfant. Voici des suggestions de récompenses à lui offrir ainsi que des suggestions pour construire une relation positive avec lui.

RÉCOMPENSER VOTRE ENFANT

Changer d'habitude demande de gros efforts. Les enfants ont besoin d'incitatifs — des cadeaux pour récompenser les vrais efforts et non pour qu'ils se tiennent tranquilles — , tout comme les adultes. Ces récompenses n'ont pas à être chères. Il ne doit pas non plus s'agir de choses que vous ne voudriez pas offrir à votre enfant : il faut qu'elles vous plaisent à tous les deux. Souvent, les meilleures récompenses — celles que les enfants apprécient le plus — , ne sont pas des choses mais des activités que l'enfant aime. Voici une liste des récompenses possibles :

- faire un jeu de société avec son père ou sa mère
- faire des biscuits
- inviter un ami à la maison après l'école
- inviter un ami à coucher à la maison durant la fin de semaine
- dîner à son restaurant préféré
- commander une pizza
- jouer à un jeu sur l'ordinateur avec un de ses parents
- jouer au ballon une vingtaine de minutes avec un de ses parents
- pouvoir supprimer une « corvée » un soir de la semaine
- avoir l'autorisation de rester debout 15 ou 30 minutes de plus un soir
- choisir dans un livre d'expériences scientifiques simples celle qu'il a envie de faire avec un de ses parents
- louer un film et faire du pop-corn

- préparer une collation spéciale avec un des parents
- aller sur Internet pendant 30 minutes après les devoirs
- choisir un objet dans un sac à surprises, rempli de bonbons, de petits jouets, de cartes à collectionner, etc.
- se faire masser le dos avant de dormir
- lire une histoire de plus avant de dormir

Une fois que vous et votre enfant avez choisi une habitude à changer, il est important d'établir des règles avant de commencer, et de vous assurer qu'elles sont claires et bien comprises. En effet, si votre enfant s'attend à une certaine chose, mais qu'il se rend compte que vous aviez autre chose en vue, il aura l'impression de ne pas avoir réussi et risque d'être déçu.

- Définissez clairement ce qu'il doit réussir pour obtenir une récompense (par exemple, un nombre de cases cochées sur le tableau de réussite).
- Définissez clairement ce qu'il faut réussir pour pouvoir cocher une de ces cases.
- Écrivez toutes ces règles avant de commencer sur le tableau, afin que tout soit bien clair.
- Il faut que la démarche soit amusante pour l'enfant. Insistez sur les réussites, pas sur les échecs.

Soyez généreux de vos encouragements et de vos marques d'affection. Ils constituent également des récompenses et renforcent l'estime de soi de votre enfant, même s'il ne semble pas y faire attention !
- sourires
- embrassades
- main sur l'épaule
- « J'aime ce que tu as fait ! »
- « Bravo ! »
- « Merci ! »
- « Tu as bien essayé ! »
- « Tu as réussi ! C'est génial ! »

UN MOMENT PRÉCIEUX

Il est essentiel que vous et votre enfant passiez de bons moments ensemble. C'est décourageant pour tout le monde de parler seulement des problèmes. Prévoyez, chaque jour, un « moment précieux », où vous ne faites que vous amuser avec votre enfant. Cela peut être quelques minutes passées ensemble à faire quelque chose que vous aimez tous les deux.

Décidez ensemble de ce que vous aimeriez faire. Vous pourriez faire un jeu, lire un livre, aller marcher ou juste parler. Il faut que cela vous plaise à tous les deux : il s'agit d'un moment où vous vous détendez, et non un moment pour changer un comportement ou pour apprendre de nouvelles choses. Ce n'est pas non plus une récompense, qui pourra être donnée ou retirée. Si votre enfant a des problèmes de comportement, pour lesquels il est fréquemment puni ou critiqué, c'est particulièrement important pour lui de vivre de tels moments, car ils permettent de rebâtir une relation positive entre vous et lui.

TROUVER DES RESSOURCES POUR AIDER VOTRE ENFANT

Différents types
de professionnels
de la santé
peuvent aider
un enfant qui
souffre de TDAH :
orthothérapeutes,
psychologues,
psychoéducateurs,
pédiatres ou
pédopsychiatres.
Certes, il n'est pas
toujours facile de
trouver des ressources
disponibles. Toutefois,
on note de constants
progrès pour ce qui est des
connaissances à propos du phénomène du TDAH.

Le meilleur moyen de trouver des ressources est
de rencontrer des parents dont les enfants ont les
mêmes besoins que le vôtre. Il existe un peu partout des
associations de parents dont les enfants ont le TDAH et
qui offrent un soutien important. Vous pouvez également
commencer par faire des recherches dans Internet. Vous
aurez peut-être à faire beaucoup d'appels et à poser
beaucoup de questions, mais le jeu en vaut la chandelle.

Essayez d'en apprendre le plus possible sur le TDAH.
Il y a de plus en plus d'information dans Internet ou à la
bibliothèque. Adhérez à un groupe de soutien, s'il y en
a un près de chez vous. Sinon, pourquoi ne pas en créer
un vous-même avec d'autres parents ? Enfin, demandez
aux professionnels (psychologue, psychoéducateur ou
orthopédagogue) de votre école ou à votre pédiatre s'il
connaît des ressources.